Impressum
Verlag: BABADADA GmbH, Nedderfeld 112 , 22529 Hamburg
Geschäftsführer / Verlagsleitung: Harald Hof
Druck: Books on Demand GmbH, In de Tarpen 42, 22848 Norderstedt

Imprint
Publisher: BABADADA GmbH, Nedderfeld 112 , 22529 Hamburg, Germany
Managing Director / Publishing direction: Harald Hof
Print: Books on Demand GmbH, In de Tarpen 42, 22848 Norderstedt, Germany

ትምህርት ቤት
Šola

መማሪያ ክፍል
Razred
ማካፈል
Deljenje
186/2
ሰሌዳ
Tabla
የትምህርት ቤት ቅጥር ግቢ
Šolsko dvorišče
መምህር
Učitelj
ወረቀት
Papir
Pisati
እስክሪብቶ
Pisalo
መፃፊያ ጠረጴዛ
Pisalna miza
ማስመሪያ
Ravnilo
መጽሐፍ
Knjiga
ተማሪ
Učenec

የጀርባ ቦርሳ

Šolska torba

የእርሳስ መያዣ

Peresnica

እርሳስ

Svinčnik

የእርሳስ መቅረጫ

Šilček

ላጲስ

Radirka

የስዕል ደብተር

Risalni blok

ስዕል

Risba

የቀለም ብሩሽ

Čopič

የቀለም ሳጥን

Vodene barvice

መቀስ

Škarje

ማጣበቂያ

Lepilo

መልመጃ ደብተር

Zvezek

የቤት ስራ

Domača naloga

ቁጥር

Število

መደመር

Seštevanje

መቀነስ

Odštevanje

ማባዛት

Množenje

ቁጥሮችን ማስላት

Računanje

ደብዳቤ

Črka

ፊደላት

Abeceda

ቃል

Beseda

ፅሑፍ

Besedilo

ማንበብ

Brati

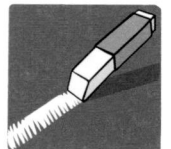

ጠመኔ

Kreda

ትምህርት

Učna ura

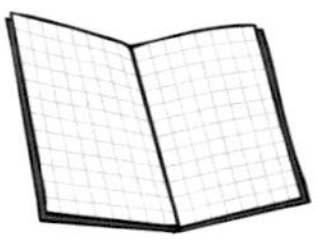

ምዝገባ

Redovalnica

ፈተና

Preizkus znanja

ሰርተፊኬት

Spričevalo

የትምህርት ቤት የደንብ ልብስ

Šolska uniforma

ትምህርት

Izobrazba

አዉደ ጥበብ

Enciklopedija

ዩኒቨርስቲ

Univerza

የምርምር አጉሊ መሳርያ

Mikroskop

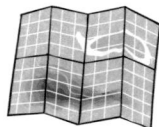

ካርታ

Zemljevid

የቆሻሻ ወረቀት መጣያ ቅርጫት

Koš za smeti

ጉዞ
Potovanje

ሆቴል
Hotel
Grand
ማረፊያ ቤት
Hostel
ROOMS
የዉጭ ገንዘብ ምንዛሪ ቢሮ
Menjalnica
ልብስ መያዣ ሻንጣ
Kovček
መኪና
Avtomobil

ቋንቋ

Jezik

አዎ/ አይደለም

da / ne

እሺ

Prav

ሰላም

Pozdravljeni

አስተርጓሚ

Prevajalec

አመሰግናለሁ

Hvala

ስንት ነዉ.......?

Koliko stane…?

አልገባኝም

Ne razumem

እክል

Težava

እንደምን አመሹ!

Dober večer!

እንደምን አደሩ!

Dobro jutro!

መልካም ምሽት!

Lahko noč!

ደህና ይሰንብቱ

Nasvidenje

አቅጣጫ

Smer

ሻንጣ

Prtljaga

ቦርሳ

Torba

የጀርባ ቦርሳ

Nahrbtnik

እንግዳ

Gost

ክፍል

Soba

የመተኛ ቦርሳ

Spalna vreča

ድንኳን

Šotor

የጎብኚዎች መረጃ

Turistične informacije

የባህር ዳርቻ

Plaža

ክሬዲት ካርድ

Kreditna kartica

ቁርስ

Zajtrk

ምሳ

Kosilo

እራት

Večerja

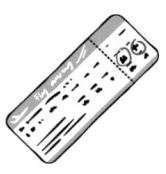

ቲኬት

Vozovnica

አሳንሰር

Dvigalo

ማህተም

Znamka

ድንበር

Meja

ባህሎች

Carina

ኤምባሲ

Veleposlaništvo

ቪዛ/የይለፍ ወረቀት

Vizum

ፓስፖርት

Potni list

መጓጓዣ

Prevoz

አዉሮፕላን
Letalo
መርከብ
Ladja
የእሳት አደጋ መኪና
Gasilsko vozilo
Avtobus
የጭነት መኪና
Tovornjak
የሞተር ጀልባ
Motorni čoln
ብስክሌት
Kolo
መኪና
Avtomobil

የማመላለሻ ጀልባ

Trajekt

ጀልባ

Čoln

የሞተር ብስክሌት

Motorno kolo

የፖሊስ መኪና

Policijski avto

የዉድድር መኪና

Dirkalni avto

የኪራይ መኪና

Najeto vozilo

የመኪና መጋራት

Souporaba avtomobila

ጎታች መኪና

Avtovleka

የቆሻሻ ጭነት መኪና

Smetarsko vozilo

ሞተር

Motor

ነዳጅ

Gorivo

የቤንዚን ማደያ

Bencinska postaja

የመንገድ ምልክት

Prometni znak

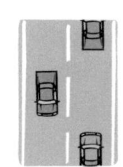

የመኪኖች እንቅስቃሴ

Promet

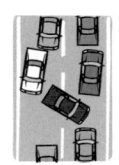

የመኪና መጨናነቅ

Zastoj

የመኪና ማቆሚያ

Parkirišče

የባቡር ጣቢያ

Železniška postaja

የባቡር ሀዲዶች

Tirnice

ባቡር

Vlak

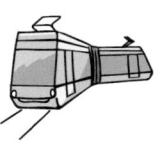

የኤሌክትሪክ ባቡር

Tramvaj

ሰረገላ

Vagon

ሄሊኮፕተር
Helikopter

አየር ማረፊያ
Letališče

ማማ
Stolp

መንገደኛ
Potnik

ማስቀመጫ፤ ማጠራቀሚያ
Kontejner

ካርቶን እቃ ማሸጊያ
Karton

ጋሪ፤ ተሳቢ
Voziček

ቅርጫት
Košara

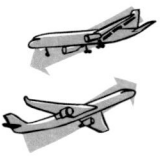

መነሳት/ ማረፍ
vzleteti / pristati

ከተማ

Mesto

መንደር
Vas

የከተማ ማዕከል
Mestno jedro

ቤት
Hiša

ሲኒማ
Kino

ማስታወቂያ
Reklama

የመንገድ ዳር መብራት
Ulična svetilka

CINEMA

መንገድ
Ulica

ታክሲ
Taksi

እግረኛ
Pešec

የቁርስ መቆያ ሱቅ
Kiosk

ድንጋይ የተነጠፈበት የእግረኛ
መንገድ
Pločnik

የእግረኛ መሻገሪያ
Prehod za pešce

የቆሻሻ
ማጠራቀሚያ
Smetnjak

ማቋረጫ
Križišče

የትራፊክ
መብራቶች
Semafor

ጎጆ
Koča

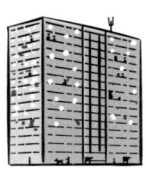

አፓርታማ
Stanovanje

የባቡር ጣቢያ
Železniška postaja

የከተማ አዳራሽ
Mestna hiša

ቤተ መዘክር
Muzej

ትምህርት ቤት
Šola

ዩኒቨርስቲ

Univerza

ባንክ

Banka

ሆስፒታል

Bolnišnica

ሆቴል

Hotel

መድሐኒት ቤት

Lekarna

ቢሮ

Pisarna

መፅሐፍ መሸጫ

Knjigarna

ሱቅ

Trgovina

የአበባ መሸጫ

Cvetličarna

የሸቀጣ ሸቀጥ መደብር

Supermarket

ገበያ ስፍራ

Tržnica

መደብር

Veleblagovnica

የዓሳ ነጋዴ

Ribarnica

የገበያ ማዕከል

Nakupovalno središče

ወደብ

Pristanišče

መናፈሻ ቦታ

Park

አግዳሚ ወንበር

Klop

ድልድይ

Most

ደረጃዎች

Stopnice

ዉስጥ ለዉስጥ

Podzemna železnica

ዋሻ

Predor

የአዉቶቡስ ፌርማታ

Avtobusno postajališče

ባር

Bar

ምግብ ቤት

Restavracija

የፖስታ ሳጥን

Poštni nabiralnik

የመንገድ ምልክት

Ulična tabla

የመኪና ማቆሚያ ሒሳብ የሚያሰላ ማሽን

Parkirna ura

የደር እንስሳት ማቆያ

Živalski vrt

የመዋኛ ገንዳ

Kopališče

መስጊድ

Mošeja

እርሻ

Kmetija

የሚበክል ነገር

Onesnaževanje

መቃብር ስፍራ

Pokopališče

ቤተ ክርስቲያን

Cerkev

መጫወቻ ሜዳ

Otroško igrišče

ቤተ መቅደስ

Tempelj

መልከዓምድር
Pokrajina

ቅጠል
List
የመንገድ ላይ ምልክት
Kažipot
መንገድ
Pot
አረንጓዴ መስክ
Travnik
ድንጋይ
Kamen
በእግሩ የሚጓዝ
Pohodnik
ዛፍ
Drevo
ወንዝ
Reka
ሳር
Trava
አበባ
Cvetlica

ሸለቆ

Dolina

ኮረብታ

Hrib

ሀይቅ

Jezero

ጫካ

Gozd

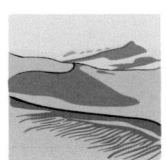

በረሃ

Puščava

እሳተ ገሞራ

Vulkan

ግምብ

Grad

ቀስተ ዳመና

Mavrica

እንጉዳይ

Goba

የቴምብር ዛፍ/ ዘንባባ

Palma

ቢንቢ/ የወባ ትንኝ

Komar

በራሪ

Muha

ጉንዳን

Mravlja

ንብ

Čebela

ሸረሪት

Pajek

ጢንዚዛ

Hrošč

እንቁራሪት

Žaba

ሽኮኮ

Veverica

ጃርት

Jež

ጥንቸል

Zajec

ጉጉት ወፍ

Sova

ወፍ

Ptič

የዉሃ ዳክዬ

Labod

ከርከሮ

Divji prašič

አጋዘን

Jelen

አጋዘን

Los

ግድብ

Jez

በነፋስ የሚሽከረከር

Vetrnica

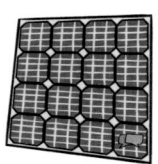

የፀሀይ ፓኔሎ

Solarna plošča

አየር ንብረት

Podnebje

ምግብ ቤት
Restavracija

አስተናጋጅ
Natakar
ማዉጫ
Jedilnik
ወንበር
Stol
ሾርባ
Juha
ፒዛ
Pica
መክተፊያ
Pribor
የጠረጴዛ ጨርቅ
Prt

የምግብ ፍላጎትን የሚከፍት ምግብ

Predjed

ዋና ምግብ

Glavna jed

ማጣጣሚያ ተከታይ ምግብ

Sladica

መጠጦች

Pijače

ምግብ

Hrana

ጠርሙስ

Steklenica

ፈጣን ምግብ

Hitra hrana

የመንገድ ምግብ

Ulična hrana

የሻይ ማንቆርቆሪያ

Čajnik

የስኳር እቃ

Sladkornica

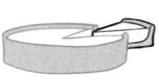

ድርሻ

Porcija

የቡና ማፊያ ማሽን

Aparat za espresso

ባለጌ ወንበር

Stolček za hranjenje

የክፍያ ደረሰኝ

Račun

ትሪ

Pladenj

ቢላዋ

Nož

ሹካ

Vilica

ማንኪያ

Žlica

የሻይ ማንኪያ

Čajna žlička

ልብስ ምግብ እንዳይነካ የሚረዳ ጨርቅ

Servieta

ብርጭቆ

Kozarec

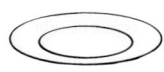

ዝርግ ሰሀን

....

Krožnik

የሾርባ ጎድጓዳ ሰሀን

....

Globoki krožnik

የስኒ ማስቀመጫ

....

Krožniček

ማጣፈጫ ስጎ

....

Omaka

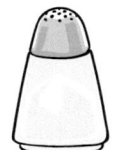

የጨዉ እቃ

....

Solnica

የተፈጨ ቃሪያ

....

Mlinček za poper

ኮምጣጤ

....

Kis

የምግብ ዘይት

....

Olje

ቀመማ ቅመሞች

....

Začimbe

የቲማቲም ድልህ

....

Kečap

ሰናፍጭ

....

Gorčica

ማዮኒዝ

....

Majoneza

የሸቀጣ ሸቀጥ መደብር
Supermarket

ልዩ አቅራቦት
Posebna ponudba
ደምበኛ
Stranka
የወተት ተዋፅዖ
Mlečni izdelki
ፍራፍሬ
Sadje
ባለ ጎማ የእጅ ጋሪ
Nakupovalni voziček

ሉካንዳ ነጋዴ

Mesnica

መጋገርያ

Pekarna

ክብደት መመዘን

Tehtati

ቅጠላ ቅጠል አትክልት

Zelenjava

ስጋ

Meso

የቀዘቀዘ/የረጋ ምግብ

Zamrznjena hrana

ቀዝቃዛ ቁራጭ

Hladne mesnine

የታሸገ ምግብ

Konzerve

የማጠቢያ ዱቄት

Pralni prašek

ጣፋጮች

Sladkarije

የቤት ዉስጥ ዉጤቶች

Gospodinjski izdelki

የፅዳት ምርቶች

Čistilno sredstvo

የሽያጭ ባለሙያ

Prodajalka

የገንዘብ መመዝቢያ ማሽን

Blagajna

የሒሳብ ሰራተኛ

Blagajnik

የግዢ ዝርዝር

Nakupovalni seznam

ክፍት ሰዓታት

Delovni čas

የኪስ ቦርሳ

Denarnica

ክሬዲት ካርድ

Kreditna kartica

ቦርሳ

Torba

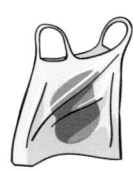

የፕላስቲክ ቦርሳ

Plastična vrečka

መጠጦች

Pijače

ውሃ

Voda

ጭማቂ

Sok

ወተት

Mleko

ኮካ-ኮላ

Kola

ወይን

Vino

ቢራ

Pivo

አልኮል

Alkohol

ኮካ

Kakav

ሻይ

Čaj

ቡና

Kava

የተፈላ ቡና

Espresso

ካፑቺኖ

Kapučino

ሙዝ

Banana

ፖም

Jabolko

ብርቱካን

Pomaranča

ሀብሀብ

Lubenica

ሎሚ

Limona

ካሮት

Korenje

ነጭ ሽንኩርት

Česen

ሸምበቆ

Bambus

ቀይ ሽንኩርት

Čebula

እንጉዳይ

Goba

ለዉዝ

Oreščki

የህፃናት ምግብ

Rezanci

ፓስታ

Špageti

ሩዝ

Riž

ሰላጣ

Solata

የድንች ጥብስ

Ocvrt krompirček

ድንች ጥብስ

Pečen krompir

ፒዛ

Pica

ዳቦ ዉስጥ በስሱ ተጠብሶ የገባ ስጋ

Hamburger

ሳንድዊች

Sendvič

ጥሬ ስጋ

Zrezek

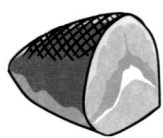

የአሳማ ስጋ

Šunka

በቅመምና በጨዉ የታሸ ምግብ ቀዝቅዞ የሚበላ ሾርባ ምግብ

Salama

ቋሊማ

Klobasa

ዶሮ

Piščanec

ጥብስ

Pečenka

አሳ

Riba

24 ምግብ - Hrana

የአጃ ገንፎ

Ovseni kosmiči

ከወተት ጋር ተደባልቀዉ የሚበሉ ምግቦች

Musli

የበቆሎ ቅርፊት

Koruzni kosmiči

ዱቄት

Moka

ኩራሳ

Rogljiček

ድብልብል ዳቦ

Žemlja

ዳቦ

Kruh

መጥበስ

Prepečenec

ብስኩት

Piškoti

ቅቤ

Maslo

እርጎ

Skuta

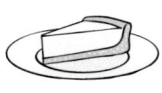

ኬክ

Torta

እንቁላል

Jajce

እንቁላል ጥብስ

Pečeno jajce na oko

አይብ

Sir

የበረዶ ክሬም

Sladoled

ስኳር

Sladkor

ማር

Med

ማርማላት

Marmelada

የተናጠ የወተት ክሬም

Čokoladni namaz

ማጣፈጫ

Kari

እርሻ

Kmetija

የገበሬ ቤት
Kmečka hiša
የጭድ ክምር
Bala slame
የእህልና የከብት ማቀመጫ ቤት
Skedenj
ሜዳ
Polje
ፈረስ
Konj
ተሳቢ መኪና
Prikolica
የፈረስ ዉርንጭላ
Žrebe
የእርሻ መኪና
Traktor
አህያ
Osel
በግ
Ovca
የበግ ጠቦት
Jagnje

ፍየል

Koza

ላም

Krava

ጥጃ

Tele

አሳማ

Prašič

ግልገል አሳማ

Pujsek

ኮርማ

Bik

ዝይ

Gos

ዳክዬ

Raca

የዶሮ ጫጩት

Piščanec

ዶር

Kokoš

አዉራ ዶሮ

Petelin

አይጥ

Podgana

ደድመት

Mačka

አይጥ

Miš

በሬ

Vol

ዉሻ

Pes

የዉሻ ቤት

Pasja uta

የአትክልት ቦታ

Cev za zalivanje

ዉሃ ማጠጫ ባልዲ

Kangla za zalivanje

ረጅም ማጭድ

Kosa

ማረሻ

Plug

ማጭድ
Srp

መኮትኮቻ
Motika

የእህል መንሽ
Vile

መጥረቢያ
Sekira

ኩርኩር/ የእጅ ጋሪ
Samokolnica

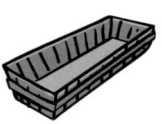

ገንዳ
Korito

የወተት ዕቃ
Kangla za mleko

ጆንያ ከረጢት
Vreča

አጥር
Ograja

የፈረስ ጋጣ
Hlev

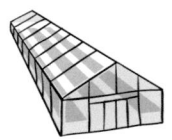

ዕፅዋት ማሳደጊያ የመስታዉት ቤት
Rastlinjak

አፈር
Prst

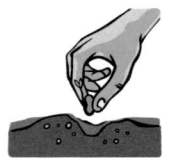

ዘር
Seme

የመሬት ማዳበሪያ
Gnojilo

ጥምር ማረሻ
Kombajn

አዝመራ መሰብሰብ

Žeti

አዝመራ

Žetev

ድንች

Jam

ስንዴ

Pšenica

ሶያ

Soja

ድንች

Krompir

በቆሎ

Koruza

የከብት መኖ

Oljna ogrščica

የፍሬ ዛፍ

Sadno drevo

የካሳቫ ዛፍ

Maniok

እህል

Žito

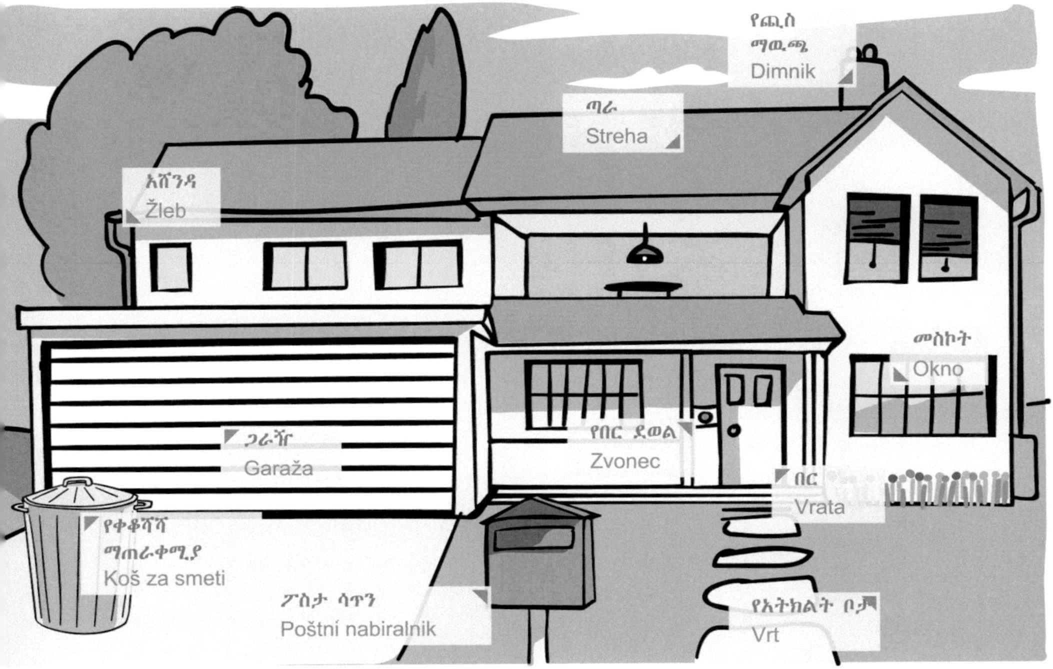

የጪስ ማዉጫ
Dimnik

ጣራ
Streha

አሽንዳ
Žleb

መስኮት
Okno

ጋራዥ
Garaža

የበር ደወል
Zvonec

በር
Vrata

የቆሻሻ ማጠራቀሚያ
Koš za smeti

ፖስታ ሳጥን
Poštni nabiralnik

የአትክልት ቦታ
Vrt

ሳሎን

Dnevna soba

መታጠቢያ ቤት

Kopalnica

ማድቤት

Kuhinja

መኝታ ቤት

Spalnica

የልጅ ክፍል

Otroška soba

መመገቢያ ክፍል

Jedilnica

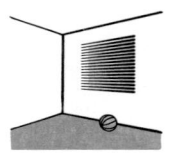

ወለል

Tla

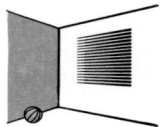

ግድግዳ

Stena

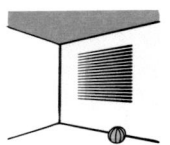

ጣሪያ

Strop

ምድር ቤት

Klet

በእንፋሎት ሙቀት መታጠቢያ ቤት

Savna

ሰገነት

Balkon

ከፍ ያለ መደብ

Terasa

የመዋኛ ገንዳ

Bazen

የማጨጃ መኪና

Kosilnica

አንሶላ

Rjuha

የአልጋ ልብስ

Posteljno pregrinjalo

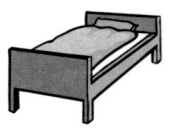

አልጋ

Postelja

መጥረጊያ

Metla

ባልዲ

Vedro

ማብሪያና ማጥፊያ

Stikalo

ሳሎን

Dnevna soba

የግድግዳ ወረቀት
Tapeta
ፎቶ
Slika
መብራት
Svetilka
መደርደሪያ
Polica
ቁም ሳጥን፣ ካቢኔ
Omara
Televizor
የእሳት መሞቂያ
Kamin
አበባ
Cvetlica
ትራስ
Blazina
ሶፋ
Zofa
የአበባ ማስቀመጫ
Vaza
ሪሞት ኮንትሮል
Daljinski upravljalnik

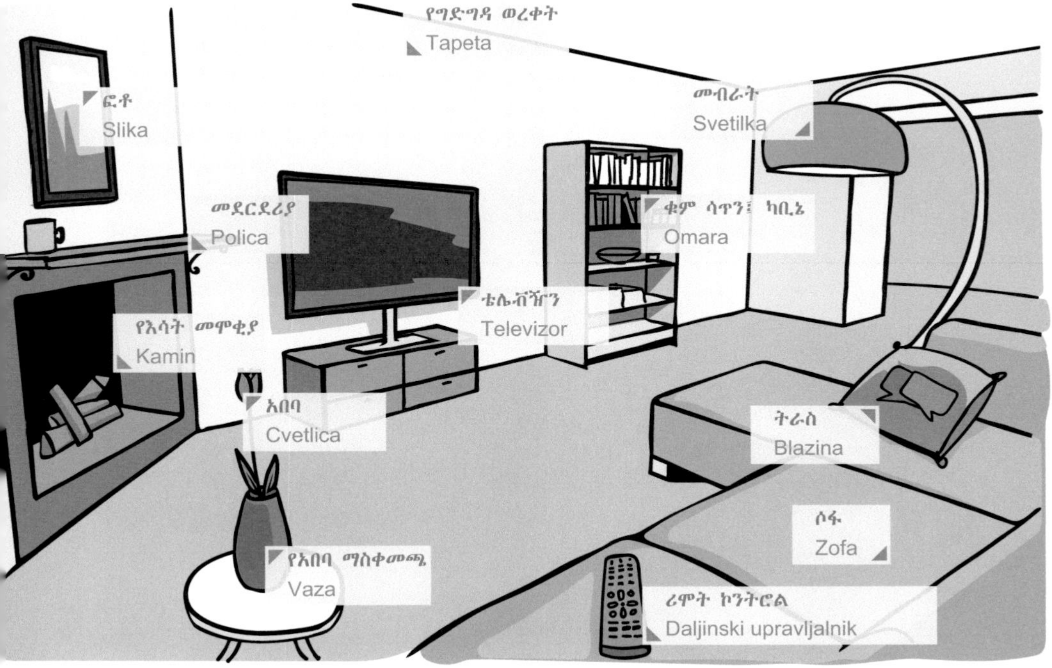

ንጣፍ

Preproga

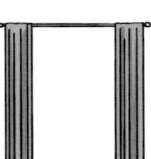

መጋረጃ

Zavesa

ጠረጴዛ

Miza

ወንበር

Stol

ተወዛዋዥ ወንበር

Gugalnik

ባለመደገፊያ ወንበር

Naslanjač

መጽሐፍ

Knjiga

ብርድ ልብስ

Odeja

ጌጥ

Dekoracija

ማገዶ

Drva

ፊልም

Film

የሙዚቃ መማጬወቻ

Glasbeni stolp

ቁልፍ

Ključ

ጋዜጣ

Časopis

ስዕል

Slika

የተለጠፈ ማስታወቂያ እንደ ስዕል

Plakat

ራዲዮ

Radio

ማስታወሻ ደብተር

Beležka

የአየር ማፅጃ ለምንጣፍ

Sesalnik

ቁልቋል

Kaktus

ሻማ

Sveča

Kuhinja

ማድቤት
Kuhinja

ማቀዝቀዣ
Hladilnik
ማይክሮዌቭ ምግብ ማብሰያ
Mikrovalovna pečica
የኩሽና መመዘኛ ሚዛን
Kuhinjska tehtnica
ዳቦ መጥበሻ
Opekač
ንፁህ ማድረጊ
Detergent
ምድጃ
Pečica
ማቀዝቀዣ
Zamrzovalnik
እቃ ማጠቢያ
Pomivalni stroj
የቆሻሻ ማጠራቀሚያ
Koš za smeti

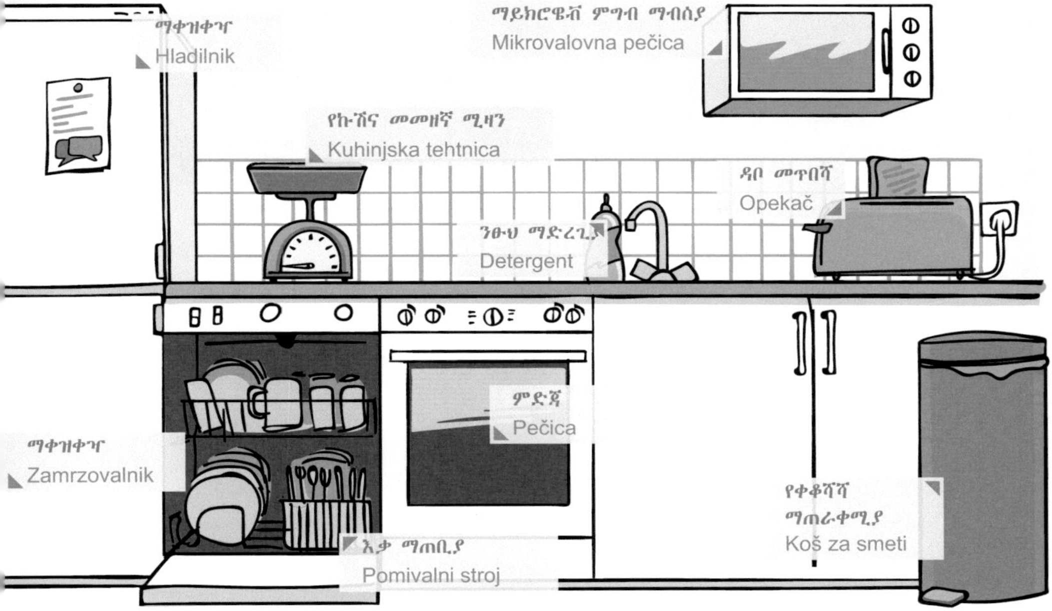

ምግብ አብሳይ

Kozica

ማሰሮ

Lonec

የብረት ማሰሮ

Litoželezni lonec

ምግብ ማብሰያ ዝርግ ድስት

Vok / kadai

የምግብ መጥበሻ

Ponev

ማንቆርቆሪያ

Kotliček

የእንፋሎት ማብሰያ

Parni kuhalnik

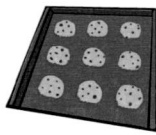

የመጋገሪያ ትሪ

Pekač

ሰብስቦች

Posoda

ትልቅ ኩባያ

Skodelica

ጎድጓዳ ሳህን

Skleda

ቾፕስቲክስ

Jedilne paličice

ጭልፋ

Zajemalka

መሰቅሰቂያ ዝርግ ማንኪያ

Lopatica

ማደባለቂያ

Metlica

መወጠሪያ

Cedilnik

ወንፊት

Cedilo

መፈርፈሪያ መሳሪያ

Strgalo

ሲሚንቶ

Možnar

የፍም ጥብስ

Žar

የተለቀቀ እሳት

Ognjišče

መክተፊያ

Deska za rezanje

ተንሸራታች መርፌ

Valjar

የጠርሙስ መክፈቻ

Odpirač za steklenice

ጣሳ

Pločevinka

የጣሳ መክፈቻ

Odpirač za konzerve

የማሰሮ መሸፈኛ

Prijemalka za posodo

ሳህን ማጠቢያ

Korito

ብሩሽ

Ščetka

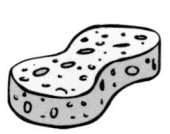

ስፖንጅ

Goba

መደባለቂያ መሳሪያ

Mešalnik

በጣም ማቀዝቀዣ

Zamrzovalna skrinja

ጡጦ

Steklenička

ቧንቧ

Pipa

መታጠቢያ ቤት

Kopalnica

ማሞቂያ
Ogrevanje
መታጠቢያ
Prha
ፎጣ
Brisača
የመታጠቢያ ቤት መጋረጃ
Zavesa za prho
የአረፋ መታጠቢያ
Peneča kopel
የመታጠቢያ ገንዳ
Kopalna kad
ብርጭቆ
Kozarec
የልብስ ማጠቢያ
Pralni stroj
Pipa
ማዕዘን ወለል
Ploščice
ፖፖ
Kahlica
ሳህን ማጠቢያ
Korito

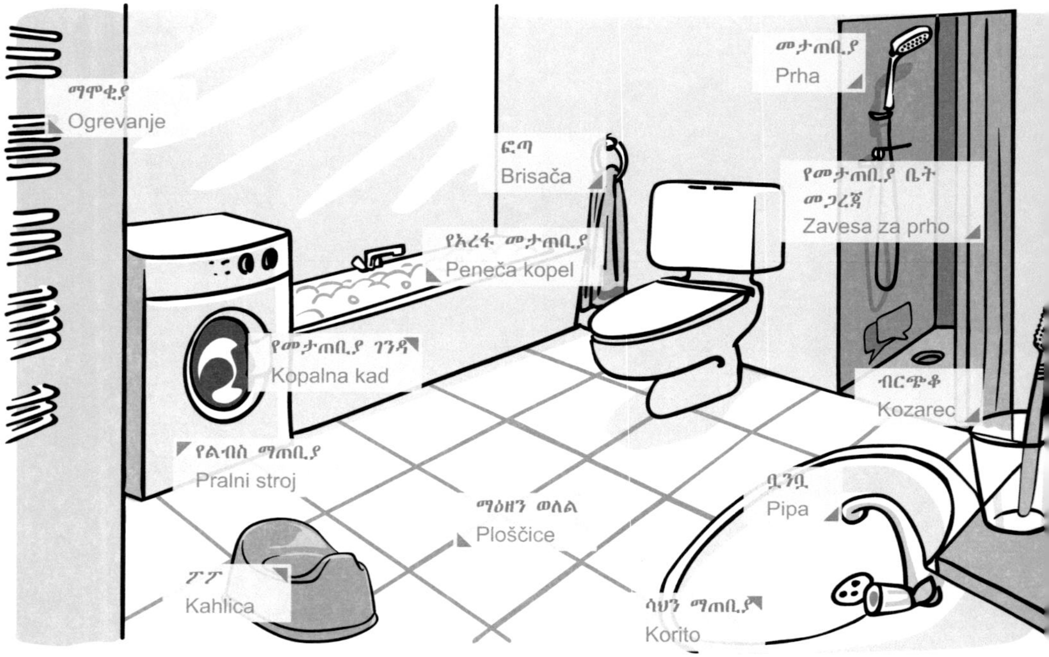

ሽንት ቤት
Stranišče

የሽንት ቤት መቀመጫ
Stranišče na počep

ሳፋ
Bide

የመንገድ ዳር መሽኛ
Pisoar

የሽንት ቤት ወረቀት
Toaletni papir

የሽንት ቤት ማፅጃ ብሩሽ
Ščetka za straniščno školjko

38 መታጠቢያ ቤት - Kopalnica

የጥርስ ብሩሽ

Zobna ščetka

የጥርስ ሳሙና

Zobna pasta

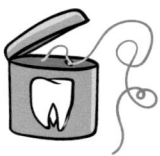

የጥርስ ማፅጃ ክር

Zobna nitka

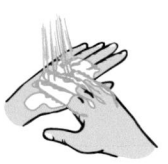

መታጠብ

Umiti se

የእጅ መታጠቢያ

Ročna prha

መታጠቢያ

Prha za intimne dele

ጎድጓዳ ሳህን

Umivalnik

የጀርባ ብሩሽ

Krtača za hrbet

ሳሙና

Milo

የመታጠቢያ የሚዝለገለግ ሳሙና

Gel za prhanje

የፀጉር መታጠቢያ ሳሙና

Šampon

ለስላሳ ጨርቅ

Krpica za miljenje

ፍሳሽ

Odtok

ክሬም

Krema

ጠረን መቀየሪያ ንጥረ ነገር

Deodorant

መስታወት

Ogledalo

የእጅ መስታወት

Ročno ogledalo

ምላጭ

Britvica

የመላጫ አረፋ

Pena za britje

ከመላጨት በኋላ የሚቀባ ሽቱ

Vodica po britju

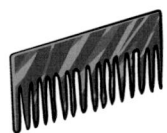

ማበጠሪያ

Glavnik

ብሩሽ

Ščetka

የፀጉር ማድረቂያ

Sušilnik za lase

በፀጉር ላይ የሚነፋ

Lak za lase

የፊት መቀባቢያ

Ličila

የከንፈር ቀለም

Šminka

የጥፍር ቀለም

Lak za nohte

የጥጥ ሱፍ

Vatirane blazinice

ጥፍር መቁረጫ

Škarjice za nohte

ሽቶ

Parfum

ማጠቢያ ባልዲ

Toaletna torbica

መቀመጫ

Stol brez naslonjala

ሚዛን

Osebna tehtnica

የመታጠቢያ ልብስ

Kopalni plašč

የላስቲክ ጓንት

Gumijaste rokavice

ሞዴስ

Tampon

የፅዳት ፎጣ

Damski vložki

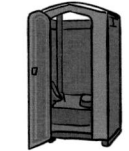

የሽንት ቤት ኬሚካል

Kemično stranišče

የልጅ ክፍል

Otroška soba

የማንቂያ ደዉል ሰዐት
Budilka
የህፃን አሻንጉሊት
Plišasta igrača
የመጫወቻ መኪና
Avtomobilček
ማንገጫገጫ መጫወቻ
Ropotuljica
የአሻንጉሊት ቤት
Hiška za punčke
ስጦታ
Darilo

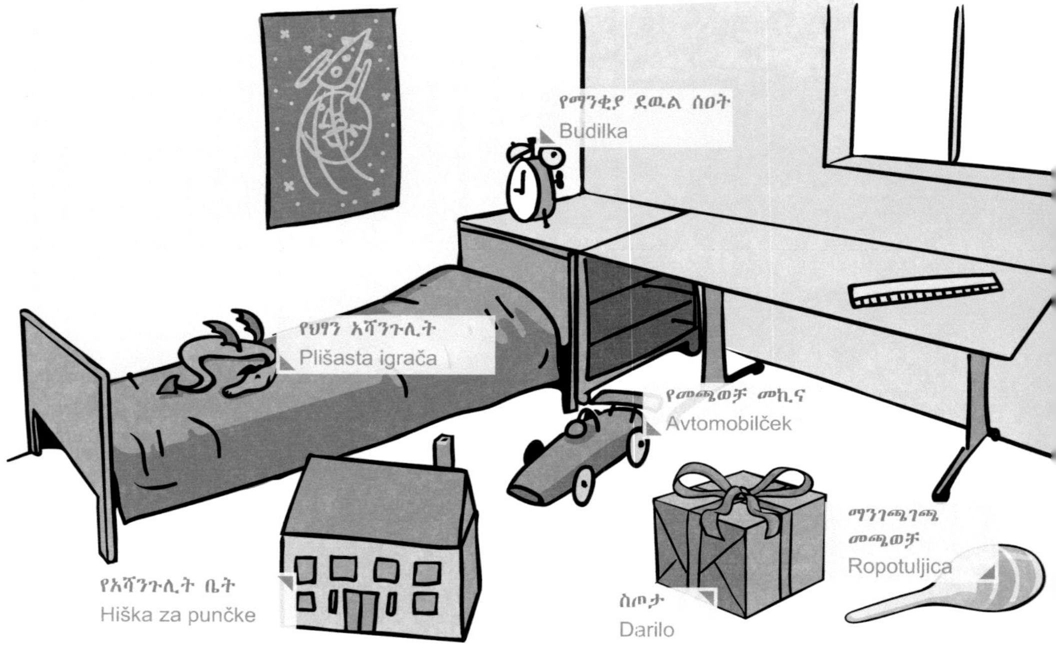

ፊኛ

Balon

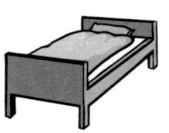

አልጋ

Postelja

የህፃን ማንሸራሸሪያ ጋሪ

Otroški voziček

የካርታ መጫወቻ

Igralne karte

ቁርጥራጭ ምስሎችን የማገጣጠም እና ምስል የማግኘት ጨዋታ

Sestavljanka

አዝናኝ

Strip

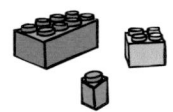

ተገጣጣሚ መጫወቻ

Lego kocke

የመጫወቻ መገጣጠሚያዎች

Igralne kocke

የድርጊት ምስል

Akcijska figura

የህፃን እድገት

Bodi

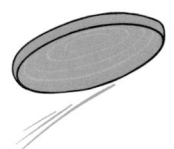

የፕላስቲክ መጫወቻ ዝርግ ሰሀን

Frizbi

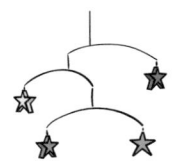

ተወዛዋዥ የህፃን ማጫወቻ

Vrtiljak za posteljico

የሰሌዳ ጨዋታ

Namizna igra

የመጫወቻ ጠጠር

Kocka

የመጫወቻ ባቡር

Komplet modelov vlakov

የእንጀራ እናት ጡጦ

Duda

ድግስ

Zabava

የስዕል መፅሀፍ

Slikanica

ኳስ

Žoga

አሻንጉሊት

Lutka

መጫወት

Igrati se

የአሸዋ መጫወቻ

Peskovnik

ዥዋዥዌ

Gugalnica

መጫወቻዎች

Igrače

የቪዲዮ መጫወቻ

Igralna konzola

ባለ ሶስት ጎማ ብስክሌት

Tricikel

የአሻንጉሊት ድብ

Plišasti medvedek

ቁምሳጥን

Garderoba

አልባሳት

Oblačilo

ካልሲዎች

Nogavice

ስቶኪንጎች

Samostoječe nogavice

ታይት

Hlačne nogavice

የአንገት ልብስ
Šal

ዣንጥላ
Dežnik

ከናቴራ
Majica s kratkimi rokavi

ቀበቶ
Pas

ስኒከሮች
Športni copati

ቦቲ
Škornji

የቤት ዉስጥ ነጠላ ጫማ
Copati

ነጠላ ጫማዎች
Sandali

ጫማዎች
Čevlji

የዝናብ ቡትስ
Gumijasti škornji

ሙታንታ
Spodnje hlače

ጡት መያዣ
Modrček

ሰደርያ
Telovnik

ሰዉነት
Bodi

ሱሪዎች
Hlače

ጅንስ
Kavbojke

ጉርድ ቀሚስ
Krilo

ሸሚዝ
Bluza

ሸሚዝ
Srajca

የሚጠለቅ ሹራብ
Pulover

ሹራብ
Pletena jopica

ዩኒፎርም ጃኬት
Jopa

ጃኬት
Jakna

ኮት
Plašč

የዝናብ ኮት
Dežni plašč

ልብስ
Kostim

ቀሚስ
Obleka

የሙሽራ ቀሚስ
Poročna obleka

ሱፍ

Obleka

የለሊት ልብስ

Spalna srajca

የለሊት ልብስ

Pižama

ረጅም ቀሚስ

Sari

ሂጃብ

Naglavna ruta

ጥምጣም

Turban

ቡርቃ

Burka

ሽርጥ

Kaftan

አባያ

Abaja

የዋና ልብስ

Kopalke

አጭር ቁምጣ

Kopalne hlače

ቁምጣዎች

Kratke hlače

የስራ ቱታ

Trenirka

ሽርጥ

Predpasnik

ጓንት

Rokavice

ቁልፍ

Gumb

መነፅር

Očala

አምባር

Zapestnica

የአንገት ሀብል

Verižica

ቀለበት

Prstan

የጆሮ ጌጥ

Uhan

ኮፍያ

Kapa

የኮት መስቀያ

Obešalnik

ኮፍያ

Klobuk

ከረቫት

Kravata

ዚፕ

Zadrga

የብረት ቆብ

Čelada

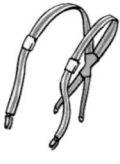

መደገፊያ

Naramnice

የትምህርት ቤት የደንብ ልብስ

Šolska uniforma

የደንብ ልብስ

Uniforma

መሃረብ

Slinček

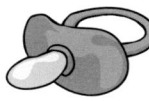

የእንጀራ እናት ጡጦ

Duda

ሽንት ጨርቅ

Plenica

ቢሮ

Pisarna

ማሰራጫ ጣቢያ
Strežnik
የፋይል መደርደሪያ ካቢኔ
Kartotečna omara
ወረቀት
Papir
የህትመት መሳሪያ
Tiskalnik
መቆጣጠሪያ
Monitor
መፃፊያ ጠረጴዛ
Pisalna miza
ማውዝ
Miška
ማህደር
Mapa
የመፃፊ ቁልፎች
Tipkovnica
የቆሻሻ ወረቀት መጣያ ቅርጫት
Koš za smeti
ኮምፒዉተር
Računalnik
ወንበር
Stol

የቡና መጠጫ ትልቅ ኩባያ

Lonček za kavo

ማስልያ ማሽን

Kalkulator

ኢንተርኔት

Internet

ላፕቶፕ

Prenosnik

ደብዳቤ

Pismo

መልዕክት

Sporočilo

ተንቀሳቃሽ ስልክ

Mobilnik

የግንኙነት አዉታር

Omrežje

ማባዣ ማሽን

Kopirni stroj

ሶፍትዌር

Programska oprema

ስልክ

Telefon

የግድግዳ ሶኬት

Vtičnica

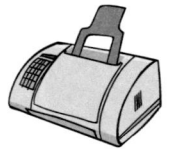

የፋክስ ማሽን

Telefaks

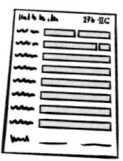

ቅፅ

Obrazec

ሰነድ

Dokument

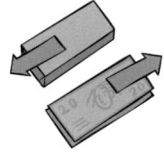

ኢኮኖሚ

Gospodarstvo

መግዛት

Kupiti

መክፈል

Plačati

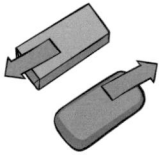

መነገድ

Trgovati

ገንዘብ

Denar

ዶላር

Dolar

ዩሮ

Evro

የን

Jen

ሩብል

Rubelj

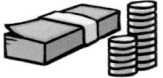

የስዊዝ ፍራንክ

Švičarski frank

ሬንሚንቢ ዩዋን

Kitajski juan renminbi

ሩጲ

Rupija

የገንዘብ ነጥብ

Bankomat

የዉጭ ገንዘብ ምንዛሪ ቢሮ

Menjalnica

ወርቅ

Zlato

ብር

Srebro

ዘይት

Nafta

ሀይል፤ ጉልበት

Energija

ዋጋ

Cena

ግንኙነት

Pogodba

ቀረጥ

Davek

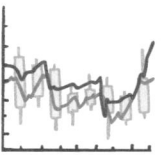

አክስዮን

Delnice

መስራት

Delati

ተቀጣሪ

Delojemalec

ቀጣሪ

Delodajalec

ፋብሪካ

Tovarna

ሱቅ

Trgovina

የስራ ሙያዎች

Poklici

የእሳት አደጋ ሰራተኛ
Gasilec
የፖሊስ አዛዥ
Policist
ምግብ አብሳይ
Kuhar
ዶክተር
Zdravnik
አብራሪ
Pilot

አትክልተኛ

Vrtnar

አናጢ

Mizar

ልብስ ሰፊ ሴት

Šivilja

ዳኛ

Sodnik

ቀማሚ

Kemik

ተዋናይ

Igralec

የአዉቶቢስ ሹፌር

Voznik avtobusa

የታክሲ ሹፌር

Taksist

አሳ አጥማጅ

Ribič

ፅዳት ሰራተኛ

Čistilka

የጣራ ሰራተኛ

Krovec

አስተናጋጅ

Natakar

አዳኝ

Lovec

ሰዓሊ

Pleskar

ጋጋሪ

Pek

የኤሌትሪክ ሰራተኛ

Električar

ገምቢ

Gradbenik

መሃሃዲስ

Inženir

ልኳንዳ

Mesar

የቧንቧ ሰራተኛ

Vodovodni inštalater

የፖስታ ሰራተኛ

Poštar

54 የስራ ሙያዎች - Poklici

ወታደር

Vojak

መሃንዲስ

Arhitekt

የሒሳብ ሰራተኛ

Blagajnik

አበባ ሻጭ

Cvetličar

የፀጉር ሰራተኛ

Frizer

ቲኬት ቆራጭ

Sprevodnik

መካኒክ

Mehanik

ካፒቴን

Kapitan

የጥርስ ሐኪም

Zobozdravnik

ተመራማሪ

Znanstvenik

መምህር

Rabin

የሙስሊም ሃይማኖታዊ መሪ

Imam

መነኩሴ

Menih

ካህን

Duhovnik

መሳሪያዎች

Orodje

ተቆላፊ ጉጠት
Klešče
መዶሻ
Kladivo
መፍቻ
Izvijač
ባትሪ
Žepna svetilka
የመሳሪ መፍቻ
Vijačni ključ

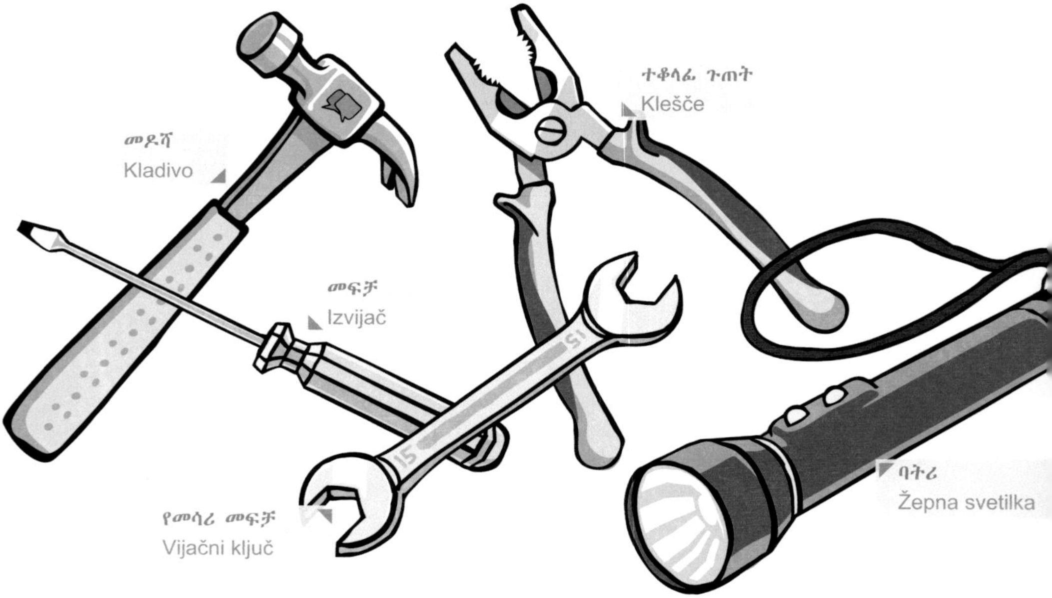

በቁፋሮ የሚዝቅ

Bager

የመፍቻ ሳጥን

Zaboj z orodjem

መሰላል

Lestev

መጋዝ

Žaga

ምስማር

Žeblji

መሰርሰሪያ

Vrtalnik

መጠገን

Popraviti

አካፋ

Lopata

የተረገመ!

Šment!

ቆሻሻ ማፈሻ

Smetišnica

የቀለም ቆርቆሮ

Posoda z barvo

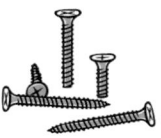

ብሎን

Vijaki

የሙዚቃ መሳሪያዎች

Glasbeni instrument

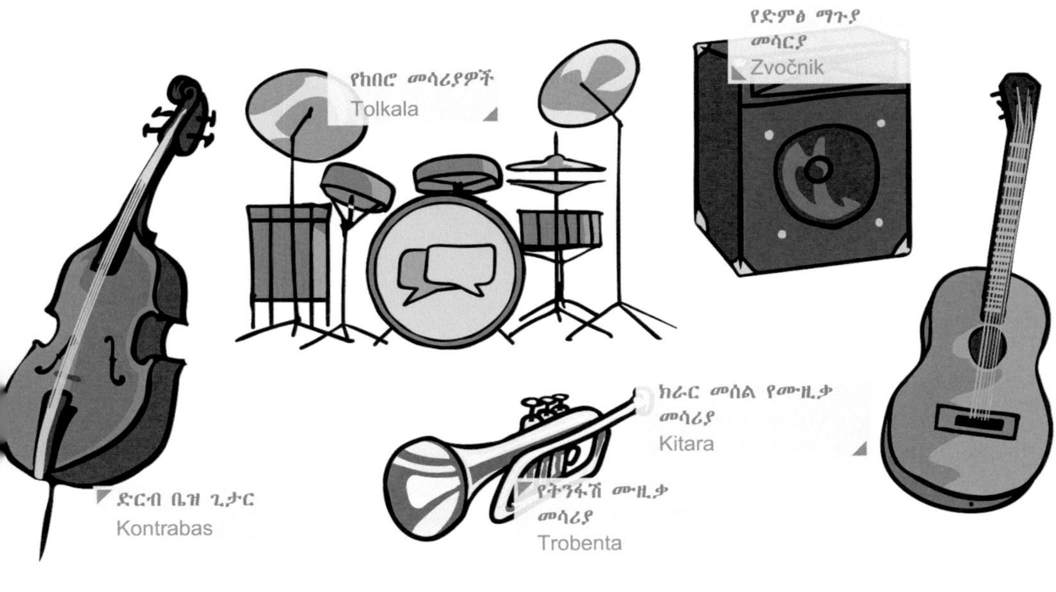

የድምፅ ማጉያ መሳርያ
Zvočnik
የከበሮ መሳሪያዎች
Tolkala
ክራር መሰል የሙዚቃ መሳሪያ
Kitara
ድርብ ቤዝ ጊታር
Kontrabas
የትንፋሽ ሙዚቃ መሳሪያ
Trobenta

ፒያኖ

Klavir

ቫዮሊን

Violina

ወፍራም፤ ጎርናና ድምፅ ያለዉ ክራር መሰል ሙዚቃ መሳሪያ

Bas kitara

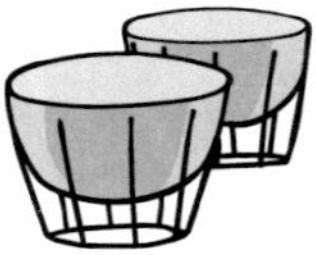

ነጋሪት

Pavke

ከበሮ

Bobni

በኤሌክትሪክ የሚሰራ ፒያኖ

Sintetizator

የትንፋሽ ሙዚቃ መሳሪያ

Saksofon

ዋሽንት

Flavta

የድምፅ ማጉያ

Mikrofon

የደር እንስሳት ማቆያ

Živalski vrt

ነብር
Tiger
ሳጥን
Kletka
የሜዳ አህያ
Zebra
የእንስሳ ምግብ
Krma za živali
መግቢያ
Vhod
ትልቅ ድብ
Panda

እንስሳቶች

Živali

ዝሆን

Slon

ካንጋሮ

Kenguru

አውራሪስ

Nosorog

ትልቅ ዝንጀሮ

Gorila

ድብ

Medved

ግመል

Kamela

ሰጎን

Noj

አንበሳ

Lev

ጦጣ

Opica

ቅልጥመ ረዥም ወፍ

Plamenec

በቀቀን

Papagaj

የወዋልታ ድብ

Severni medved

የዋልታ ወፎች

Pingvin

ረጅም ጥርሶች ያሉትአሳ ነባሪ

Morski pes

ጣዎስ

Pav

እባብ

Kača

አዞ

Krokodil

የዱር አራዊት የሚጠበቁበት ማቆያን የሚጠብቅ

Oskrbnik v živalskem vrtu

አሳ በሊታ የባህር እንስሳ

Tjulenj

የዱር ድመት

Jaguar

ድንክ ፈረስ

Poni

ነብር

Leopard

ጉማሬ

Povodni konj

ቀጭኔ

Žirafa

ንስር

Orel

ከርከሮ

Divji prašič

አሳ

Riba

የባህር ኤሊ

Želva

የባህር አዉሬ

Mrož

ቀበሮ

Lisica

የሜዳ ፍየል፤ ሚዳቋ

Gazela

የስፖርት አይነቶች

Šport

የአሜሪካ እግርኳስ
Ameriški nogomet
የብስክሌት ስፖርት
Kolesarjenje
ቴኒስ
Tenis
የቅርጫት ኳስ
Košarka
ዋና
Plavanje
የቡጢ ስፖርት
Boks
የበረዶ ላይ የገና ጨዋታ
Hokej

እግር ኳስ

Nogomet

የላበ ኳስ ጨዋታ

Badminton

አትሌቲክስ

Atletika

የእጅ ኳስ ስፖርት

Rokomet

የበረዶ መንሸራተት ስፖርት

Smučanje

ፈረስ ግልቢያ

Polo

መዝለል
Skočiti

ማቀፍ
Objeti

መሳቅ
Smejati se

መራመድ
Hoditi

መዝመር
Peti

ህልም ማለም
Sanjati

መፀለይ
Moliti

መሳም
Poljubiti

መፃፍ
Pisati

መሳል
Risati

ማሳየት
Pokazati

መግፋት
Potisniti

መስጠት
Dati

መዉሰድ
Vzeti

መያዝ

Imeti

ማድረግ

Narediti

መሆን

Biti

መቆም

Stati

መሮጥ

Teči

መሳብ

Vleči

መወርወር

Vreči

መውደቅ

Pasti

መዋሸት

Ležati

መጠበቅ

Čakati

መሸከም

Nositi

መቀመጥ

Sedeti

መልበስ

Obleči se

መተኛት

Spati

መንቃት

Zbuditi se

መመልከት

Gledati

ማለልቀስ

Jokati

መጫር

Božati

ማበጠር

Česati se

ማዉራት

Govoriti

መረዳት

Razumeti

ጥያቄ

Vprašati

ማዳመጥ

Poslušati

መጠጣት

Piti

መብላት

Jesti

ማንፃት

Pospraviti

ማፍቀር

Ljubiti

ምግብ ማብሰል

Kuhati

መንዳት

Voziti

መብረር

Leteti

መርከብ መንዳት

Jadrati

ቁጥሮችን ማስላት

Računanje

ማንበብ

Brati

መማር

Učiti se

መስራት

Delati

ማግባት

Poročiti se

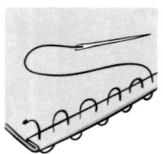

መስፋት

Šivati

ጥርስ መቦረሽ

Ščetkati si zobe

መግደል

Ubiti

ማጨስ

Kaditi

መላክ

Poslati

ቤተሰብ
Družina

የሴት አያት
Stara mati
የወንድ አያት
Stari oče
Oče
እናት
Mati
ህፃን
Dojenček
ሴት ልጅ
Hči
ወንድ ልጅ
Sin

እንግዳ

Gost

አክስት

Teta

አጎት

Stric

ወንድም

Brat

እህት

Sestra

አካል

Telo

ግንባር
Čelo
አይን
Oko
ፊት
Obraz
አገጭ
Brada
ጣት
Prst
እጅ
Dlan
ጡት
Prsi
ክንድ
Roka
ትከሻ
Rama
እግር
Noga

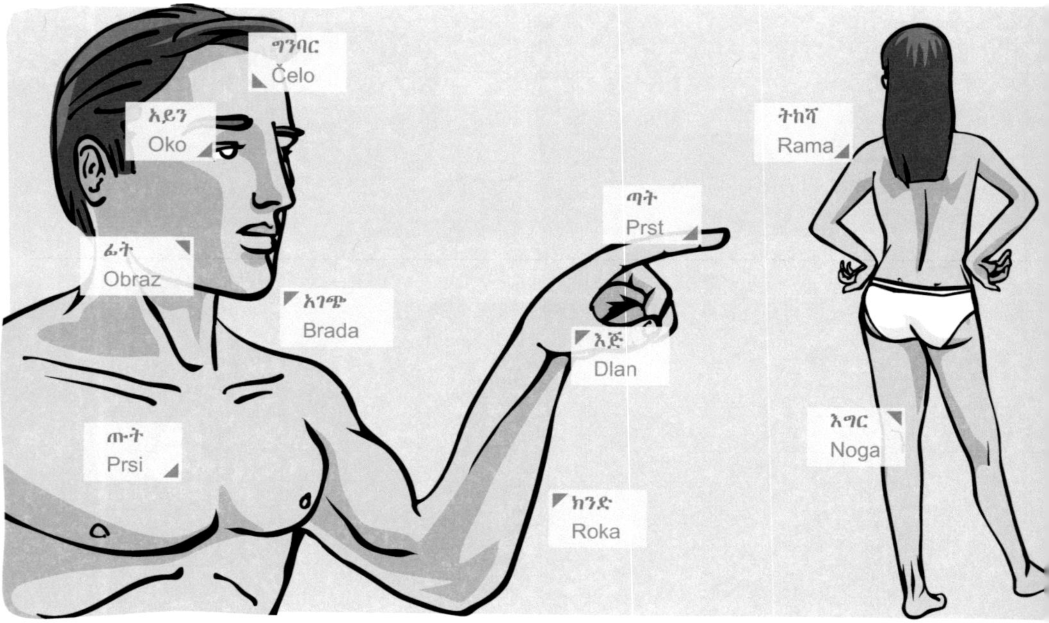

ህፃን

Dojenček

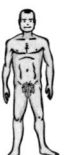

ሰዉ

Človek

ሴት

Ženska

ልጃገረድ

Dekle

ወንድ ልጅ

Fant

ራስ

Glava

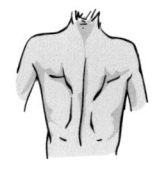

ጀርባ
Hrbet

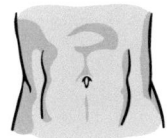

ሆድ
Trebuh

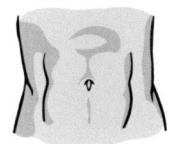

እምብርት
Popek

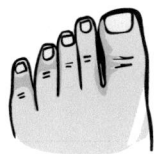

የእግር ጣት
Prst na nogi

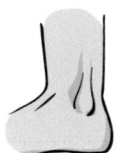

ተረከዝ
Peta

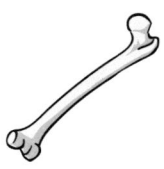

አጥንት
Kost

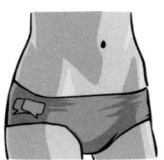

ዳሌ
Kolk

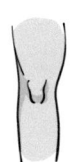

ጉልበት
Koleno

ክርን
Komolec

አፍንጫ
Nos

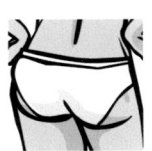

ቂጥ
Zadnjica

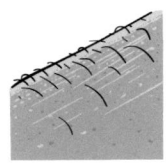

ቆዳ
Koža

ጉንጭ
Lice

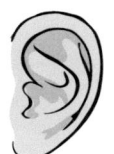

ጆሮ
Uho

ከንፈር
Ustnica

አፍ

Usta

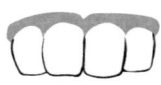

ጥርስ

Zob

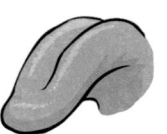

ምላስ

Jezik

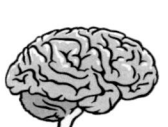

አንጎል

Možgani

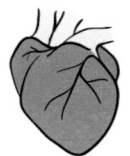

ልብ

Srce

ጡንቻ

Mišica

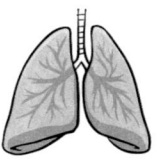

ሳምባ

Pljuča

ጉበት

Jetra

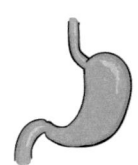

ሆድ

Želodec

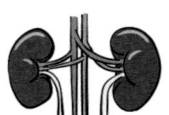

ኩላሊቶች

Ledvice

የግብረስጋ ግንኙነት

Spolni odnos

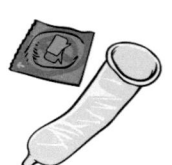

ኮንዶም

Kondom

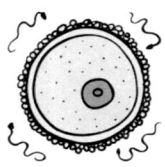

የሴት እንቁላል

Jajčece

የዘር ፈሳሽ

Semenska tekočina

እርግዝና

Nosečnost

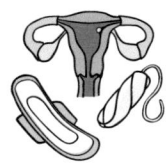

የወር አበባ
....
Menstruacija

እምስ
....
Vagina

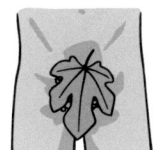

ቁላ
....
Penis

ቅንድብ
....
Obrv

ፀጉር
....
Lasje

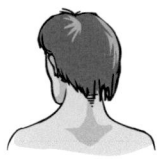

አንገት
....
Vrat

ሆስፒታል
Bolnišnica

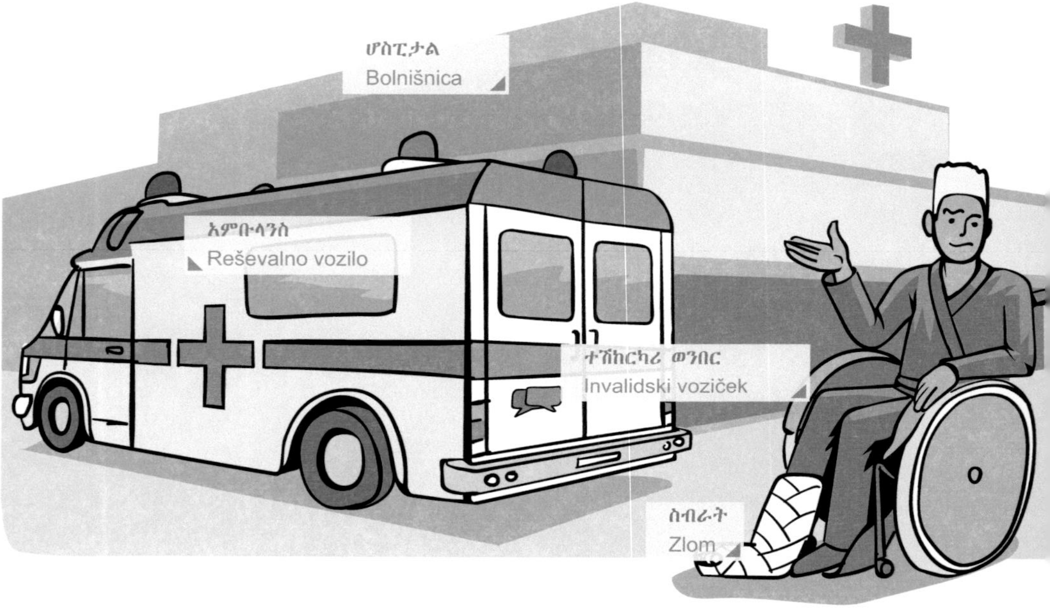

ሆስፒታል
Bolnišnica
አምቡላንስ
Reševalno vozilo
ተሽከርካሪ ወንበር
Invalidski voziček
ስብራት
Zlom

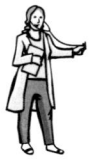

ዶክተር

Zdravnik

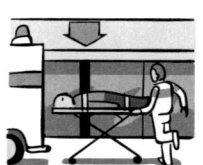

ድንገተኛ ክፍል

Urgenca

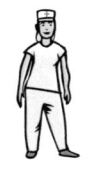

ነርስ

Medicinska sestra

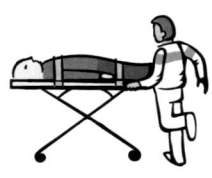

ድንገተኛ

Nujni primer

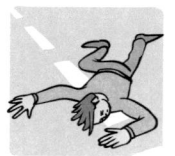

ራስን መሳት/ አለማወቅ

Nezavesten

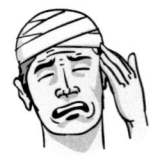

ህመም

Bolečina

ጉዳት

Poškodba

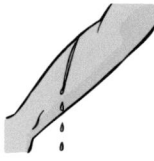

መድማት

Krvavenje

የልብ ድካም

Srčni infarkt

ስትሮክ

Kap

አለርጂ

Alergija

ሳል

Kašelj

ትኩሳት

Vročina

ኢንፍሉዌንዛ

Gripa

ተቅማጥ

Driska

የራስ ምታት

Glavobol

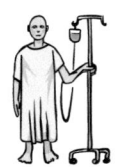

ካንሰር

Rak

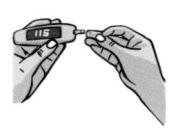

የስኳር በሽታ

Sladkorna bolezen

ቀዶ ጠጋኝ ሐኪም

Kirurg

የቀዶ ጥገና ስለት

Skalpel

ቀዶ ጥገና

Operacija

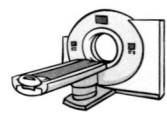

ሲቲ

CT

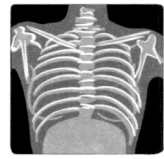

ኤክስሬዮ

Rentgen

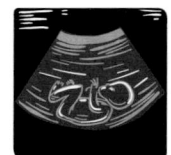

አልትራሳዉንድ

Ultrazvok

የፊት ጭምብል

Obrazna maska

በሽታ

Bolezen

መጠበቂያ ክፍል

Čakalnica

ምርኩዝ

Bergla

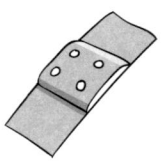

የቁስል ማሸጊያ

Obliž

ፋሻ

Preveza

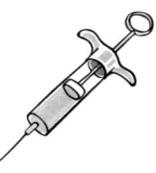

መርፌ

Injekcija

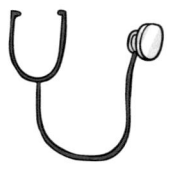

የልብ ምት ማዳመጫ መሳሪያ

Stetoskop

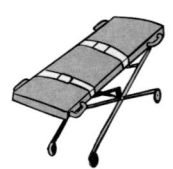

የበሽተኛ አልጋ

Nosila

የህክምና ሙቀት መለኪያ መሳሪያ

Klinični termometer

መውለድ

Porod

ከልክ ያለፈ ክብደት

Prekomerna teža

ለመስማት የሚረዳ መሳሪያ

Slušni pripomoček

ፀረ ተባይ መድሀኒት

Razkužilo

ማመርቀዝ

Okužba

ቫይረስ

Virus

ኤች አይቪ ኤድስ

HIV / AIDS

ህክምና

Medicina

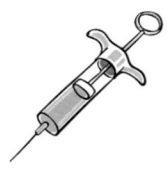

ክትባት

Cepljenje

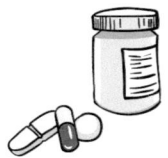

ኪኒን

Tablete

ኪኒን

Tableta

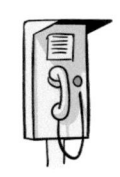

አስቸኳይ የስልክ ጥሪ

Klic v sili

ደም ግፊት መቆጣጠሪያ

Merilnik krvnega tlaka

ህመም/ ጤንነት

bolano / zdravo

Nujni primer

እርዳታ!

Na pomoč!

ማንቂያ ደዉል

Alarm

ጥቃት

Napad

ድብደባ

Napad

አደጋ

Nevarnost

የድንገተኛ መዉጫ

Izhod v sili

እሳት!

Gori!

እሳት ማጥፊያ

Gasilni aparat

አደጋ

Nezgoda

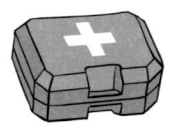

የመጀመሪያ እርዳታ መድሃኒት መያዣ

Komplet za prvo pomoč

ነፍስ አድን

SOS

ፖሊስ

Policija

አዉሮፓ

Evropa

ሰሜን አሜሪካ

Severna Amerika

ደቡብ አሜሪካ

Južna Amerika

አፍሪካ

Afrika

እስያ

Azija

አዉስትራሊያ

Avstralija

አትላንቲክ

Atlantski ocean

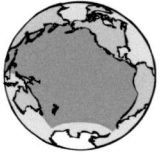

ፓስፊክ

Tihi ocean

የህንድ ዉቅያኖስ

Indijski ocean

አንታርክቲክ ዉቅያኖስ

Južni ocean

አርክቲክ ዉቅያኖስ

Arktični ocean

ሰሜን ዋልታ

Severni tečaj

ደቡብ ዋልታ

Južni tečaj

አንታርክቲካ

Antarktika

ምድር

Zemlja

መሬት

Kopno

ባህር

Morje

ደሴት

Otok

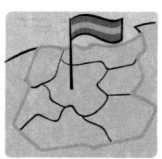

አገርና ህዝብ

Narod

መንግስት

Država

ሰዓት
Ura

የሰዓት ገፅታ

Številčnica

ሰዓት

Urni kazalec

ደቂቃ

Minutni kazalec

ሴኮንድ

Sekundni kazalec

ስንት ሰዓት ነው?

Koliko je ura?

ቀን

Dan

ጊዜ

Čas

አሁን

Zdaj

የቁጥር ሰዐት

Digitalna ura

ደቂቃ

Minuta

ሰዓታት

Ura

ሳምንት

Teden

ሰኞ
Ponedeljek
MO
ማክሰኞ
Torek
TU
ረቡዕ
Sreda
W
ሐሙስ
Četrtek
TH
አርብ
Petek
FR
Sobota
SA
እሁድ
Nedelja
SO

ትላንት

Včeraj

ዛሬ

Danes

ነገ

Jutri

ማለዳ

Jutro

ቀትር

Poldne

ምሽት

Večer

የስራ ቀናት

Delovni dnevi

የዕረፍት ቀናት

Konec tedna

ዝናብ
Dež
ቀስተ ዳመና
Mavrica
ጥጥ የሚመስል አመዳይ
በረዶ
Sneg
Veter
ፀደይ
Pomlad
መኸር
Jesen
በጋ
Poletje
ክረምት
Zima

4.APRIL 11°
5.APRIL 4°
6.APRIL 13°
7.APRIL 8°
8.APRIL 10°

የአየር ሁኔታ ትንበያ

Vremenska napoved

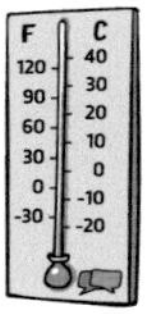

የሙቀት መለኪያ

Termometer

የፀሀይ ሙቀት

Sončna svetloba

ደመና

Oblak

ጭጋግ

Megla

እርጥበታማነት

Vlažnost

መብረቕ

Strela

ነጎድጓድ

Grom

ኣዉሎ ንፋስ

Nevihta

የበረዶ ዝናብ

Toča

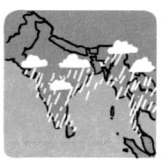

ኣዉሎ ንፋስ

Monsun

ጎርፍ

Poplava

በረዶ

Led

ጥር

Januar

የካቲት

Februar

መጋቢት

Marec

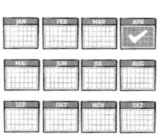

ሚያዚያ

April

ግንቦት

Maj

ሰኔ

Junij

ሐምሌ

Julij

ነሀሴ

Avgust

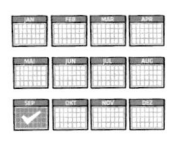

መስከረም

September

ጥቅምት

Oktober

ህዳር

November

ታህሳስ

December

ቅርፆች

Oblike

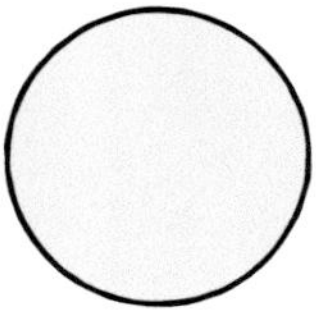

ክብ

Krogla

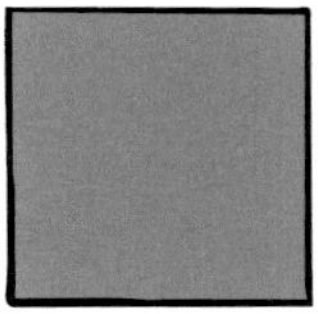

አራት ማዕዘን

Kvadrat

አራት ቀጥተኛ ማዕዘኖች ጎኖች ያሉት ቅርፅ

Pravokotnik

ሶስት ማዕዘን

Trikotnik

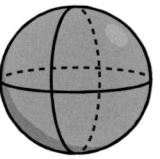

ሉል

Krogla

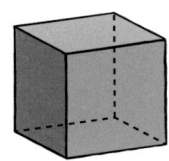

ስድስት ጎን ያለዉ ቅርፅ

Kocka

ቀለማት

Barve

ነጭ

Bela

ቢጫ

Rumena

ብርቱካናማ

Oranžna

ሮዝ

Rožnata

ቀይ

Rdeča

ወይን ጠጅ

Vijolična

ሰማያዊ

Modra

አረንጓዴ

Zelena

ቡኒ

Rjava

ግራጫ

Siva

ጥቁር

Črna

ብዙ/ ጥቂት

veliko / malo

ንዴት/ እርጋታ

jezno / umirjeno

ቆንጆ/ አስቀያሚ

lepo / grdo

ጅማሬ/ ፍፃሜ

začetek / konec

ትልቅ/ ትንሽ

veliko / majhno

ደማቅ/ ደብዛዛ

svetlo / temno

ወንድም/ እህት

brat / sestra

ንፁህ/ ቆሻሻ

čisto / umazano

የተሟላ/ ያልተሟላ

popolno / nepopolno

ቀን/ ምሽት

dan / noč

የሞተ/ ህያዉ

mrtvo / živo

ሰፊ/ ጠባብ

široko / ozko

የሚበላ/ የማይበላ

užitno / neužitno

ክፉ/ ደግ

zlobno / prijazno

ደስተኛ/ ድብርተኛ

vznemirjeno / zdolgočaseno

ወፍራም/ ቀጭን

debelo / vitko

መጀመርያ/ መጨረሻ

prvo / zadnje

ጓደኛ/ ጠላት

prijatelj / sovražnik

ሙሉ/ ጎዶሎ

polno / prazno

ጠንካራ/ ለስላሳ

trdo / mehko

ከባድ/ ቀላል

težko / lahko

ረሃብ/ ጥማት

lakota / žeja

ህመም/ ጤንነት

bolano / zdravo

ህገወጥ/ ህጋዊ

nezakonito / zakonito

ጎበዝ/ ደደብ

pametno / neumno

ግራ/ ቀኝ

levo / desno

ቅርብ/ ሩቅ

blizu / daleč

አዲስ/ አሮጌ

novo / rabljeno

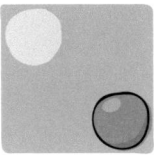

ምንም/ የሆነ ነገር

nič / nekaj

ሽማግሌ/ ወጣት

staro / mlado

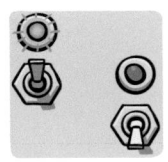

የበራ/ የጠፋ

vklopljeno / izklopljeno

ክፍት/ ዝግ

odprto / zaprto

ፀጥታ/ ጫጫታ

tiho / glasno

ሃብታም/ ደሃ

bogato / revno

ትክክለኛ/ የተሳሳተ

prav / narobe

ሻካራ/ ለስላሳ

grobo / gladko

ሐዘን/ ደስታ

žalostno / veselo

አጭር/ ረዥም

kratko / dolgo

ዝግተኛ/ ፈጣን

počasi / hitro

እርጥብ/ ደረቅ

mokro / suho

ሞቃት/ ቀዝቃዛ

toplo / hladno

ጦርነት/ ሰላም

vojna / mir

ቁጥሮች
Števila

0
ዜሮ
Ničla

1
አንድ
Ena

2
ሁለት
Dva

3
ሶስት
Tri

4
አራት
Štiri

5
አምስት
Pet

6
ስድስት
Šest

7
ሰባት
Sedem

8
ስምንት
Osem

9
ዘጠኝ
Devet

10
አስር
Deset

11
አስራ አንድ
Enajst

88 ቁጥሮች - Števila

12

አስራ ሁለት

Dvanajst

13

አስራ ሶስት

Trinajst

14

አስራ አራት

Štirinajst

15

አስራ አምስት

Petnajst

16

አስራ ስድስት

Šestnajst

17

አስራ ሰባት

Sedemnajst

18

አስራ ስስምንት

Osemnajst

19

አስራ ዘጠኝ

Devetnajst

20

ሃያ

Dvajset

100

መቶ

Sto

1.000

ሽህ

Tisoč

1.000.000

ሚሊዮን

Milijon

ቋንቋዎች
Jeziki

እንግሊዝኛ

Angleščina

የአሜሪካ እንግሊዝኛ

Ameriška angleščina

የቻይና ማንዳሪን

Mandarinščina

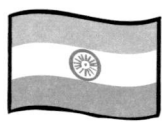

ሂንዱ

Hindujščina

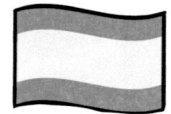

ስፓኒሽ

Španščina

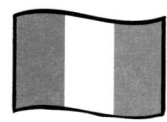

ፍሬንች

Francoščina

አረብኛ

Arabščina

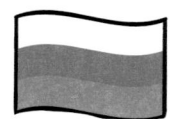

ራሺያኛ

Ruščina

ፖርቱጊዝ

Portugalščina

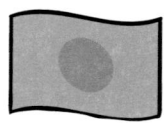

ቤንጋሊ

Bengalščina

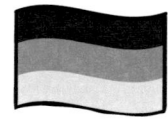

ጀርመን

Nemščina

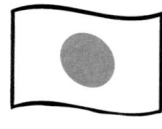

ጃፓንኛ

Japonščina

ማን/ ምን/ እንዴት
Kdo / kaj / kako

እኔ

Jaz

አንተ

Ti

እሱ/ እርሷ/ እቃዉ

On / ona / tisto

እኛ

Mi

አንተ

Vi

እነርሱ

Oni

ማን?

Kdo?

ምን?

Kaj?

እንዴት?

Kako?

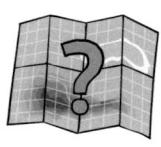

የት?

Kje?

መቼ?

Kdaj?

ስም

Ime

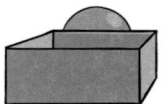

የት

Kje

በስተጀርባ

Zadaj

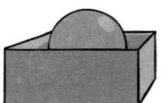

ዉስጥ

V

ከፊት ለፊት

Pred

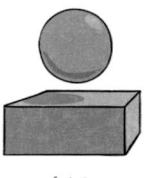

ከላይ

Nad

ላይ

Na

ከስር

Pod

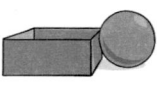

አጠገብ

Poleg

መሃከል

Med

ቦታ

Kraj